DE LA FORME

DU

GOUVERNEMENT

PARIS, — IMPRIMERIE CLAYE ET TAILLEFER
RUE SAINT-BENOÎT, 7.

DE LA FORME

DU

GOUVERNEMENT

PAR

ALDEBERT DE CHAMBRUN

PARIS

CHEZ AMYOT, LIBRAIRE

RUE DE LA PAIX, 6

1848

PRÉFACE

Il y a dans la nation cinq idées, et il peut y avoir dans l'Assemblée Nationale cinq partis.

Les Terroristes et les Communistes à l'extrême gauche[1] ; les Monarchistes à l'extrême droite.

Les Conventionnels au centre gauche; les Fédéralistes au centre droit.

Les Républicains au milieu.

Il faut : 1° L'exclusion des Terroristes et des Communistes à gauche;

2° L'exclusion des Monarchistes à droite;

[1]. Ce sont deux indivisibles ; l'intimidation et la violence sont le moyen , le communisme est le but.

3º Une transaction : — d'une part, les Conventionnels abandonnant l'idée de la souveraineté exclusive
d'une seule assemblée, et conservant l'idée de la souveraineté principale de cette même assemblée;

D'autre part, les Fédéralistes abandonnant l'idée de
la division du gouvernement entre les départements
et conservant l'idée de la division du gouvernement
entre plusieurs pouvoirs.

Il y a alors : — une assemblée des Représentants,
pouvoir souverain;

Un Sénat, pouvoir conservateur;

Un Président, pouvoir neutre.

Ce sont ces trois idées que fera passer dans la Cons-
titution de 1848 le grand parti Républicain.

DE LA FORME

DU

GOUVERNEMENT[1]

Il y a trois pouvoirs : un pouvoir souverain, un pouvoir conservateur, un pouvoir neutre.

1. Ce projet a été formulé dans l'écrit intitulé : la *République triple et indivisible* ; prouvé d'une manière générale dans la *République réformiste* ; incessamment et avec plus de détails dans l'*Ordre républicain*. Il se compose d'ailleurs d'idées tellement simples, élémentaires, et connues de toutes les têtes un peu constituantes, qu'il peut être entendu dans son sommaire et indépendamment de tout développement.

Du Pouvoir Souverain ou du Suffrage Uni-sel, de l'Assemblée des Représentants et du Consulat.

DE L'ASSEMBLÉE DES REPRÉSENTANTS.

FORMATION. — L'Assemblée des Représentants est élue par le Suffrage Universel, tous les cinq ans.

ATTRIBUTIONS. — La puissance législative appartient à l'Assemblée des Représentants.

La nomination du pouvoir exécutif lui appartient également.

CESSATION. — La durée de chaque législature est de cinq ans,

Sauf le cas de dissolution par le Président.

DU CONSULAT.

Formation. — Les trois Consuls, ministres de l'intérieur, des affaires étrangères et des finances, sont nommés par l'Assemblée des Représentants,

Parmi les membres de cette assemblée.

Les six Vice-Consuls, ministres des autres services publics, sont nommés par les trois Consuls,

Parmi les membres de l'Assemblée des Représentants.

Le premier Consul, ministre de l'intérieur, a trois voix ; le second Consul, ministre des affaires étrangères, deux voix ; le troisième Consul, ministre des finances, deux voix ; les Vice-Consuls, ministres des différents services publics, ont chacun une voix.

ATTRIBUTIONS. — La puissance exécutive appartient au Consulat.

Il nomme à tous les emplois d'administration publique.

CESSATION. — Le Consulat cesse ses fonctions :

1° Par démission [1];

2° Par l'accusation de l'Assemblée des Représentants;

3° Par la dissolution du Président.

DU POUVOIR CONSERVATEUR OU DU SÉNAT.

FORMATION. — Le Sénat se recrute par lui-même, en cas de décès d'un de ses membres,

---

1. Cette démission a lieu toutes les fois que le Consulat, suivant une politique qui n'est plus celle de la majorité, a décidément perdu le concours de l'Assemblée des Représentants et ne peut plus gouverner.

Parmi les Fonctionnaires déterminés par la loi [1].

ATTRIBUTIONS. — Le Sénat sanctionne les lois qui ne peuvent être proposées que par l'Assemblée des Représentants;

Il nommé le Président de la République.

CESSATION. — Les Sénateurs sont inamovibles; leur dignité est conférée à vie, et le Sénat est perpétuel,

Sauf le cas de dissolution par le Président, auquel cas les Fonction-

1. A l'égard des fonctionnaires il y a dans les esprits un préjugé inepte. De ce que les fonctionnaires du gouvernement monarchique étaient ou pouvaient être les agents de la corruption, il en est résulté la mise en suspection, non pas seulement des fonctionnaires du gouvernement monarchique, mais encore des fonctionnaires en général; c'est se laisser accabler et dominer par un fait : il faut reconnaître, au contraire, que nommés par un pouvoir exécutif national, lequel est nommé lui-même par une Assemblée Nationale, les Fonctionnaires du gouvernement républicain sont l'une des forces vives de la patrie.

naires déterminés par la loi comme candidats au Sénat nomment un nouveau Sénat.

DU POUVOIR NEUTRE OU DU PRÉSIDENT.

FORMATION. — Le Président est nommé par le Sénat, parmi ses membres.

ATTRIBUTIONS. — Ni la puissance législative, ni la puissance exécutive, n'appartiennent au Président; il a le droit extrême de dissoudre le Consulat, l'Assemblée des Représentants, le Sénat.

CESSATION. — Le Président est inamovible; sa dignité est conférée à vie [1],

1. Il ne peut y avoir aucun danger pour les libertés publiques dans l'inamovibilité du Président, puisque ses cas d'action sont 1° déterminées ; 2° accidentels ; 3° sous sa responsabilité, et que cette responsabilité est précisément de perdre son inamovibilité. En sorte qu'il n'exerce l'un de ses droits suprêmes qu'à la condition de les exposer tous, et avec eux sa dignité. Les hommes intelligents ne se laisseront donc point effrayer par un mot.

Sauf le cas de dissolution de l'Assemblée des Représentants ou du Sénat, auquel cas la nouvelle Assemblée ou le nouveau Sénat peuvent décréter son absorption parmi les Sénateurs.

Les Tuileries sont affectées à l'Assemblée des Représentants et au Consulat;

Le Palais de l'Assemblée Nationale au Sénat;

Le Luxembourg au Président.

4 mai 1848.